딸기

국립중앙도서관 출판시도서목록(CIP)

딸기 / 원재훈 지음. -- 서울 : 문학동네, 2003
　p. ;　　cm -- (문학동네 시집 ; 75)
ISBN 89-8281-766-2 02810 : ₩5000
811.6-KDC4
895.715-DDC21　　　　　　　CIP2003001497

딸기

원재훈 시집

문학동네

自序

깊은 밤이 되면, 친구나 여인에게 전화를 걸어 금방 쓴 시를 읽어주던 시절이 있었다. 고요함 속에서 시는 전화선을 타고 물고기처럼 헤엄쳐갔다. 풍덩, 그들의 가슴에 고여 있던 깊은 연못에 뛰어들어 놀던 시들이 있었다.

여기에 실린 시들은 그런 과정을 거치지 못했다. 어둠 속에서 흐느끼다가 쓴 시도 있고, 잠을 자려다가 갑자기 떠올라 아무 종이에나 메모하듯이 적어놓은 것들도 있다. 아무에게도 읽어주지 않았다. 모두들 바빠 보였고, 무서워 보였다. 그렇게 외로웠던 시들을 한 번에 묶어놓고 보니 가을날 감나무에 매달려 있는 감 같다. 독자와 친구들에게 달고 맛있었으면 좋겠다.

까치 한 마리가 창 밖으로 날아가는 것이 보인다. 까치 한 마리가 시야에서 사라졌는데 왜 저렇게 하늘이 텅 비어 보이는지 모르겠다. 주위에 아무도 없다고 느끼는 일은 슬픈 일이다. 그럴 때마다 고통과 외로움과 그리움이 내 곁에 있어주었다. 다정한 연인같이…… 기쁜 일이다.

오래된 친구들에게서 편지나 몇 통 받았으면 좋겠다.

2003년 11월
원재훈

차례

自序

1부

서시 · 13
딸기 · 14
벌 · 16
두부튀김 · 17
손톱 · 18
화초호박 · 20
사과 · 23
호박꽃 · 24
연인 · 26
과일 바구니 · 28
안개 · 30
꽁치 · 32
참외 · 34
폭설 속에서 · 36

2부

고마워, 내 사랑 · 41
임진강 1 · 42
임진강 2 · 44
임진강 3 · 46
꿈속의 시 · 48
화엄사 북소리 · 51
각황전 옆 홍매화 · 52
누군가 나를 잠시 들었다 놓았다 · 54
5월의 소쩍새 · 56
사랑의 모습 · 59
사랑하는 사람이 잠들었을 때 · 60
은행나무였구나! · 62
봄바람 · 64
초겨울 · 65
화조도 · 66
겨울 · 68
노을 · 69
11월 21일의 장미 · 70
단체사진 · 71
청자 · 72
새벽과 아침 사이 · 74
지하철을 기다리는 인형과 로봇 · 76
사랑한다고 말하지 마라 · 78

3부

침묵의 손 · 83
눈물 · 84
나뭇잎, 눈물 · 86
생명, 눈물 · 89
그림자, 눈물 · 90
엽서, 눈물 · 91
거울, 눈물 · 92
진실, 눈물 · 93
누가 내 마음에 달빛을 담아놓았나? · 94
먼 길 · 96
차 지나가는 소리 · 98
아침 햇살 속에 · 100
바다 선녀 · 102
거북, 땅 위의 사랑 · 104
딸아이의 詩 · 105

해설 | 박철화 삶, 그리움과 연민 · 106

1부

서시
―가을 햇살

아플 때,
사랑하는 여인의
하얀 무릎에 기대고 있는 것 같다
검고 긴 머리카락,
따뜻한 그녀의 아픔을 품고 있는 것 같다

딸기

세 들어 사는 작업실 앞마당에,
버려진 풀 한 포기가 있었습니다
왠지 안쓰러워 방문 앞 작은 화단에 심었지요
흙을 잘 다독이면서 말했습니다
'보고 싶네, 잘 지내겠지'
가끔 그런 날이 있습니다
아무도 없는 풀밭에서 눈물을 흘리고 싶은……
그날 그랬습니다

　방 안에 앉아 차양을 내리고 컴컴한 천장을 멍하니 바라보았습니다

　그러다 다시 성난 말처럼 뛰어다니지요
어디로랄 것 없이 말이지요
사방팔방을 휘저으면서 겨우 살아갈 몇 푼의 돈을 손에 쥡니다
버려진 풀 한 포기 따위는 생각나지 않았습니다

한 계절이 지나서야,
다시 그 풀 한 포기를 바라보았습니다
아이 손바닥만한 잎들이 탐스러웠습니다

쓰러질 것 같은 줄기가 튼튼히 올라오고 있었습니다
그때, 등뒤에서 커다란 그림자가 나를 덮더니
주인집 아저씨가 물끄러미 바라보면서 말합니다
'딸기예요, 딸기나무'

탐스러운 붉은색의 과실이 열릴 날이 올까?
아직은 그날을 짐작할 수 없지만,
언젠가는,
어느 순간에는
아마도 내가 이 자리에 없는 그런 시간에
딸기가 맺혀 있을 것이다

이런 생각을 했습니다
어디에 있는지 알 수 없기에 자유스러운 적도 있었지만,
항상 가슴에 심어지지 못하고,
그저 툭 던져져 있는 풀포기 같은 사람이여
언제쯤 제가 당신의 손목을 잡았듯이
그 아픈 풀 한 포기를 내 마음밭에 심을는지요

벌

벌이 침을 쏘듯이
자신의 내장을 찢어내면서까지
기어이 죽어버리면서까지
반드시 쏘아야 할 그 무엇이 인생에 있다는 것은
그것이 무엇이든 간에

행복이다

두부튀김

늦은 저녁이다
열한시가 넘어가고 있다
나는 밥 한 그릇을 앞에 놓고
아내는 부엌에서 두부를 튀긴다
프라이팬을 올리고
기름 두르고
도마에 또각또각 두부를 네모나게 썬다
탁자에서 우두커니 밥을 내려다본다
배고프다

파란 가스 불꽃 솟아오르고,
두부가 튀겨진다
쏴아, 비 오는 소리가 들린다
빗속에서 누군가 걸어와 방문을 노크하는 것 같다
내 배고픔을 달래줄
고마운 분이,
아주 하얀 얼굴을 한 분이
땀 흘리며 다가오신다
저기 오신다
땅이여, 하늘이여 고맙습니다

손톱

손톱은 투명한 머리카락이다
길게 자라면 내가 만졌던 모든 육체의 그리움이 보인다
그리움이 보이다니
그것을 잘라야 한다
그리움을 자꾸 보면 병이 된다

자른 손톱은 잘 버려야 한다
버릴 곳이 없으면 먹어야 한다
남에게 나의 그리움을 함부로 보여주어서는 안 된다
쌓이고 쌓이면 겨우 몇 줄 적어야 한다
그립다고 소리쳐서는 안 된다
그건 사람이 할 짓이 아니다

손톱을 쥐가 물고 가면 안 된다고
외할머니가 가르쳐주셨던 말씀, 쥐가 나의 손톱을 먹고,
나의 보이지 않는 그리움을 먹고,
쥐가 사람이 되어 사랑하는 사람을 잡아먹는다는 그 말씀을
이제야 알 것 같다

때가 되면, 나의 손톱이

누군가를 할퀴지 못하게 잘라야 한다
사랑하는 사람에게 상처를 내지 말아야 한다
그래야 내가 쥐가 아니라는 것을
나를 항상 예뻐하시던 외할머니에게 보여드릴 수 있다

화초호박

창가에 있는 화단엔 가끔씩 고양이 두 마리가 앉아 있다
소나무 아래 볕이 드는 자리다
창문을 열고 손을 내밀면 도망간다
그저 창문을 닫고 조용히 고양이를 보았다
고양이가 응시하는 쪽을 바라본다
알 수가 없다, 무얼 보는지

가끔씩은 무섭게 나를 노려보기도 한다

썩은 화초호박을 화단에 던져두었다
습관적으로 쓰레기봉투에 담으려다
이건 생명이야 하는 생각이 들었기 때문이다
그래 호박은 쓰레기가 아니야
썩은 호박은 사람의 아픈 육체와 같은 것

고양이 앉아 있던 화단의 한구석에 햇볕이 따뜻하다

친구들이 와서 차를 마시고 가고
전화 오고 전화 걸고
신문대금을 받아가고

그렇게 얼마나 시간이 지났을까

문득 화초호박을 던져놓았던 화단을 보았다
화려한 붉은색은 사라지고 허연 껍질만 남아 있다
통통했던 속살은 어디로 갔나?
달콤한 육체와 같았던 그 속살이 다 사라지고
땅바닥에 납작하게 엎드려 흙이 되어가고 있다

오! 씨앗이구나
무섭게 나를 바라보던 고양이의 눈빛이구나

살며시 허연 호박의 껍질을 들어내자
알에서 깨어난 병아리 같은 씨앗들이
찬란한 고독의 뿌리들이
숨어 있었다. 생명이구나 싶은 생각에
가슴이 철렁한다
두려움에 떨고 있는데, 가슴이 두근두근하고 있는데
화단 한구석에서 웅크리고 있는 나를 바라보고 있는 고양이
눈빛이 마주치자 빙그레 웃으며 고개를 슬며시 돌린다

고양이 두 마리, 어디를 바라보고 있는 것인지
알 수가 없다

사과

단단한 사과가 품고 있는 것은 씨앗이다

나보다 더 큰 나무가 되라고
열매가 된 것이 사과이다
제 몸을 사람들에게 다 내주어도,
씨앗만은 먹지 못하게 하는 것이
사과라는 어미의 마음이다.

붉은 마음의 껍질을 벗겨도 벗겨도
어느 땅에 떨어져내릴 씨앗을 위해
더 큰 사과나무를 위해
오늘도 사과는 눈물보다 더 진한 과즙을 품고 있다

사과여, 붉고 붉은 모성이여
당신은 거대한 사과나무보다 거룩한 생명입니다

호박꽃

호박꽃 활짝 핀 여름날,
사나운 하늘에서 천둥 번개,
윙윙 말벌 꿀벌 날아다니던
지랄 같은 여름날,

장마가 끝날 무렵,
소나무에 겨우겨우 기대어 올라가던
호박줄기에 할머니처럼 찌그러진 호박꽃
바로 밑동에 아기호박이 살을 찌운다
만지고 싶어 손을 대려 하다
혹시 놀랄까봐, 호박꽃만 만진다
활짝 피었던 것이 바로 어제 같은데
어느새 호박 속으로
아기호박의 작은 자궁 속으로 기어들어가는 꽃잎
세상에서 온전히 사라져버린다는 것을 보여주고 있다

내가 누군가를 만나
그 속으로 들어가고 싶은 것은
어쩌면, 호박꽃이 호박 속으로 들어가서
살진 열매를 맺고

그러다 기어이 사라져버리는
그런 까닭일까?

매미 소리 요란하다
살아 있을 시간이 얼마 안 남았다고, 비명을 지른다
그 호박과 호박꽃 위로 눈물이 몇 방울 떨어진다
둥근 것들, 영원히 아름다운 것들
빗방울 속에 호박이 기어들어간다
그러다 뚝뚝 땅으로 떨어진다
저것이 바로 씨앗이다
호박씨다

연인

그대의 손을 잡으면
우리의 몸은 길이 된다
그 길은
너무 멀어서 갈 수 없을 것 같았던
나와 너의 마음속으로 이어져 있다
그대의 손을 잡으니
그리 멀어 보이지 않는다

그대와 눈동자를 마주하면
우리는 큰 창문 앞에 선다
건너편 신성한 숲이 보이고
여태 보지 못했던 단 하나의 별만이 빛난다
상처인 줄 알았던
별의 슬픔이 환한 빛이 되어 내려온다
그것 역시 길이다

그대의 몸과 나의 몸이 겹치면
우리는 우주가 된다
신비한 생명의 울음소리 들려오고
내 속에서 잠들었던 영혼이 꼬리를 달고

그대에게 달려간다
그 은밀하고 좁은 길 안에서 우리가 손을 잡는다

그대의 손을 잡으면
우리의 몸은 긴 뱀처럼 늘어지고 늘어져
아프지만, 치욕스럽지만,
누군가가 밟고 갈 길이 된다

과일 바구니

아침마다 작업실 문을 열면
책상 위에는 나를 깜짝 놀라게 하는 과일 바구니가 있다
그건, 오늘 하루를 살게 하는 나의 시간이다
시간은 밤새 조용히 여기에 머물면서
씨를 뿌리고 꽃을 피우고 열매를 맺어
바구니에 담아놓고 간다
시간은, 나의 우렁각시
그녀의 사랑으로 나는 산다

점심때가 되면
바구니가 반쯤은 비어 있다
그런 날은 정말 행복한 날,
어떤 날은 하나도 먹지 않아 변색되어가는 과일들
배가 고픈데 왜 먹지 않으려 했는지
그런 날들이 더 많았다

저녁때가 되면
과일 바구니를 잊는다
내가 미처 먹지 못한 시간들이
상하고 곰팡이 피고, 때론 으깨어져 있다

그래도 분명,
내일이면 내 우렁각시가 싱싱한 과일을 갖다놓을 거야
배가 고파야 인생을 안다고 하는데
내 사랑 때문에 나는 아직 배가 고프질 않다
내 사랑은 나에게 주기만 한다
그러다 떠나겠지
그땐 얼마나 배가 고플까?

오늘밤에는 몰래 숨어 그녀의 모습을 보아야겠다
그녀가 항아리 속에서 몰래 나오는 모습을 보아야겠다
내일 헤어지는 한이 있더라도 그녀를 안고
그녀의 탐스러운 젖가슴을 꼭 보아야겠다
떠난다는 말 못 하게 입술을 꽉 깨물어야겠다

안개

이 세상에서 제일 먼 길은
앞이 안 보이는 길이다
보이지 않을 것 같은 예감의 길,
그러나 거기에 분명히 있을 것 같은 일상의 길
안개 속에 서서 길을 보면
이 세상에서 제일 먼 곳이 보인다

안개 속에서 길을 떠나지는 말아야 한다
조용히 자기 자신을 들여다보아야 한다

안개 속에서 보면 태양이 보인다
달처럼
가로등처럼
허연 하늘의 구멍이 보인다
빨려들어가고 싶다

안개 속에선 새가 되고 싶다
저 태양까지 날아가 그 다음의 세상 속으로 들어가고 싶다

안개는 가장 적당하게 모든 것을 가려준다

그것은 예감,
그것은 미소,
그래서 안개는 나의 내면에서 흐르는 눈물방울이다
너무나 작아서, 저렇게 커져버린 온 세상을 덮고 있는
그대들의 슬픔이다

안개 속에서는 모든 것이 천천히 움직인다
안개는 잃어버린 시간을 돌려주는 신화 속의 착한 짐승이다
덩어리 덩어리로 떨어지는 원시의 시간 속으로
느릿느릿 걸어들어간다

꽁치

오랜 친구와 술을 조금 마시고,
일산 구시장 한 귀퉁이에 있는
허름한 생선가게 앞에서
꽁치 두 마리를 샀다

무표정한 백열등 아래
무뚝뚝한 생선가게 아줌마가
꽁치의 머리를 잘라내고
배를 가르고 내장을 들어낸다
거친 손등이 마치 생선 등처럼 푸르게 보였다
아줌마는 검은 봉투에 토막 친 생선을 넣어 건네주고
젖은 손으로 받은 나의 지폐를 구겨넣는다
그 손은 죽은 생선처럼 색을 잃었다
아무런 표정이 없다
조금 무서웠다

배를 가를 때
꽁치는 얼마나 부끄러웠을까
머리를 자를 때
꽁치는 얼마나 허전했을까, 꽁치야

토막내고 포장하고 요리하기 전에
너의 삶은 바다보다도 넓었을 것이다

검은 봉지를 들자
봉지에 담겨 있는 무게가 한없이 가볍기만 해,
나는 찔끔 눈물이 났다

누군가 나를 이렇게 토막내고 배 가르고 해서
검은 봉지에 담아가는 것 같아
터덜터덜 집으로 돌아가는 것 같아
그게 꼭 사내들의 삶인 것 같아

다음날, 아침 식탁에 올라온 꽁치
나는 베란다 밖에 보이는 먼산을 바라보았다
아내와 딸은 맛있게 먹었다
고마웠다

그날 오후 나는 서해바다로 차를 몰았다
피 흘리는 삶의 종말을 보고 싶었다

참외
―윤대녕에게

동네에 있는 맛나분식집
아줌마가 늦은 시간 아저씨와 둘이 참외를 깎아 먹는다
식탁 한구석에는 학생들이 떡볶이를 먹다 난 자리가 희미한데
참외를 담은 봉투에서 몇 개 굴러나온 노란 참외

라면 하나 끓여주세요
두 분, 먹던 참외 내려놓고
자리를 치우고, 막 문을 닫으려 하다가
다시 장사를 시작하려는 자세로 바꾼다

미안합니다
뭘요, 조금만 기다리시오
아저씨 자리를 피해주시고
아줌마 라면을 끓이는 동안
나는 멍청하게 참외 담긴 검은 비닐봉투를 바라보았다
노란 참외 참 예쁘게 생긴 아이 같아
하얀 속살에 배어 있을 한여름의 햇살이
막 쏟아져나오는 것 같아
그 친구의 마음도 저렇게 하얀 것이었는데……

라면을 내주시면서
옆에 작은 접시에 같이 나온 노란 참외 두어 조각
아줌마, 성경책을 읽으면서 내가 라면을 다 먹기를 기다린다
아마 아홉시쯤 되었을 것 같은 어느 저녁,
참외 한 조각을 먹으면서
라면 한 가닥을 먹으면서
나는 설악산으로 글 쓰러 떠난 친구의 고단한 인생을 생각하였다
이 검은 봉투에 참외 몇 개 넣어 보내고 싶었다

폭설 속에서

폭설이 내리면 길이 사라진다
붉은 신호등 아래, 조심스럽게 길을 건너는 사람들
습관적으로 저 횡단보도를 건너고,
폭설 속에서는 서로가 서로의 표정을 볼 수 없을지라도
내가 여기에 있고, 네가 거기에 있으니
서로 조심하게 된다

얼어붙은 빙판 이차선 도로 위
항상 씽씽 달리던 자유로,
폭설 때문에 천천히 미끄러지듯이 집으로 가는 길에는
살면서, 가면서, 사랑하면서
조심해야 할 것들에 대한 생각을 조금은 하게 된다

가끔씩 응급차가 요란한 사이렌 울리면서
내 앞을 지나가면, 항상 몇백 미터 앞에는 뒤집혀 있는 차량들
불과 몇 분 전의 상황과는 다른 것이 삶이라는 것이
혹독한 폭설 속에서는 희미하게 보인다
거꾸로 돌아가고 있는 저 늙은 노새 같은 스노타이어
차창을 부수고 튀어나온 여자의 피 묻은 가는 손목,
그 손가락에 끼어 있는 반지의 약속은 이제 폭설 속에서 사라

져간다

    폭설 속에서 아주 천천히 걸음마를 하듯이 운전을 하면
하나, 둘, 사라지는 집들,
눈에 덮였지만, 분명히 저기에서 흐르고 있는 강물,
평소에 보았던 것들을 다짐하듯이 보게 된다

    깜빡거리면서 마을의 불빛이 나타나면
모든 것을 덮어버린 지상의 따뜻한 사람의 마음이 보인다
이불을 덮고, 과일을 먹고, 연인을 기다리고,
서로를 사랑한다는 눈빛을 보내는 사람들의 모습이
보이지 않던 그 모든 것들이
분명히 거기에 있을 것이라고 속으로 다짐하게 된다

2부

고마워, 내 사랑

창문을 열자, 새소리가 들려온다
고마워, 내 사랑, 내 마음이 저 새소리를 들을 수 있다니
보이지 않는 것들을
들리게 해주는 것은
오로지 너의 사랑뿐

소나무 가지 사이에 새 한 마리 휙 날아간다
고마워, 내 사랑, 저 날아가는 새들을 보여주다니
들리지 않는 것들을
보이게 하는 것은
오로지 너의 가여운 사랑뿐

들리고 보이는 모든 것들은 먼 곳에서 오지 않았다
창문을 열면 바로 거기에 있었다
내 심장보다도 더 가까운 곳,
내 눈물, 웃음보다 더욱더 가까운 곳,
그곳에 님이 있었다
고마워, 내 사랑
정말 고마워

임진강 1

누군가를 미워하는 마음이 들면
임진강가에 선다
아주 잠깐 그 사람의 얼굴을 떠올리고
강물을 바라본다, 미워하기에는 너무나 작은 얼굴
내 마음엔 어느새 강물이 흘러들어와
그 사람의 얼굴을 말갛게 씻어준다
그래, 내가 미워했던 것은 어쩌면,
그 사람의 얼굴에 끼어 있던 삶의 고단한 먼지, 때, 얼룩이 아니었을까?
그래 그 사람의 아픔이 아니었을까?
미처 내가 보지 못했던 나의 상처가 아니었을까?

임진강가에 서면 막 세수를 한 아이의 얼굴 같은 강물만,
강물만 반짝이면서 내 마음의 찢어진 빈틈으로 스며들어온다
내가 미워한 것은, 내가 사랑할 수 없었던 것이 아니었을까?

누군가 죽도록 미워지면
그대여 임진강가에 서서
새벽 강물로 세수를 하라
뚝뚝 떨어지는 물방울 속에 그대가 미처 보지 못했던

치욕스러운 삶의 눈물을 보라
그것을 받아들이는 강의 빛나는 눈동자를 보라

임진강 2

어두운 것은 밤길만이 아니다
뒤척이는 것은 그래 내 몸이 아니라

보고 싶어, 보고 싶어

창문에 와 몸 비비는 겨울바람이다
겨울 임진강물을 타고 흘러내리는 오래된 별빛이다

보고 싶어, 보고 싶어

어둠 속에서 두 눈을 떠보지만
어둠보다 더 어두운 것이 기어이 있어
아무것도 보이질 않는다
그래,
꿈마저도 보이지 않는다

퍼뜩,
한밤중에 누군가 희미한 등불을 밝혀놓고 지나간다
추운 겨울밤,
남루한 옷깃에 새벽 이슬이 희미하다

여기저기 등불을 밝히고 지나가는
그는 누구인가?

새벽은 밤마다 그가 지나간 다음에 온다
나 잠 못 들어 몸 뒤척일 때
그는 하루도 빼놓지 않고 이 겨울밤을 돌아다닌다

그가 왔다 갔다
그는 누구인가?

임진강 3

떠나간 사람의 안부가 궁금하다

강은 항상 어디론가 사라지면서
꼭 그런 모양으로 사라지지 않고
저 새는 항상 어디론가 날아가면서
꼭 그런 모양으로 되돌아오고 있다

임진강가에 서면
내가 잃어버린 것이 아무것도 없음을
내가 모든 것을 잃어버린 것을 알게 된다
떠나간 사람의 뒷모습이 보인다

아주 쉽게 하늘의 문을 활짝 여는 임진강물

궁금했던 모든 사연들이 빛나는 물빛이었음을
사랑했던 모든 여인들이 빛나는 물빛이었음을
임진강가에 서면 내가 보고 싶었던 모든 것들이
그저 그런 바람으로 지나간다

그래 너, 살아 있었구나

강물에 귀 기울이면 그들의 목소리가 두런두런 들려온다

꿈속의 시

둥근 보름달을 한참 보다 그냥 잠이 들었다
아이처럼,

그날 밤 꿈속에서
나는 아주 이상한 숲속 길을 걸어갔다
낙엽이 떨어지면서 바로 꽃으로 피고
꽃은 투명한 나비로 다시 날아오르는
그런 길을 얼마나 걸어갔을까
숲은 길이 되고,
길이 다시 숲이 되는 그런 길을 얼마나 걸어갔을까
넓은 동산이 나오고 거기에 앉아 있는 반가운 사람들

거기에 있으니,
아주 잊었다고 생각한 사람들이 찾아와
내 손을 잡는다
그리워만 하다 죽은 젊은 날의 연인들이
알몸으로 두런두런 이야기를 나눈다
그들 사이, 무덤처럼 둥근 달덩이 아래로
배고픈 아이 어미 젖 찾듯 걸어가니
어릴 적 항상 나에게 선비가 되어라 하시던

할머니가 희미하게 앉아 계신다

할머니 말씀하신다
아가, 뭘 쓰니?
할미가 재미있는 이야기 해줄까?
서둘러 펜과 종이를 찾는 나에게
무언가 좋은 말을 해준 것 같은데
허둥대다 다 잊어버렸다
할머니 체취와 느낌은 여전한데
이것이 무엇일까?

그날 아침,
하얗게 내린 눈을 밟으면서
문득 깨달음처럼 다가오는 것,
그래 간밤의 꿈이 이렇게 하얗게 내렸구나
그들이 들려준 이야기는
이렇게 눈에 찍힌 발자국처럼 내 가슴에 남아 있으면 되는 거지

왜 그것을 쓰려고만 했을까?
펜과 종이를 버리고 그들의 이야기를 더 들어야 했는데

나는 왜 이야기를 다 듣기도 전에 욕심을 부렸을까?
나는 걸음을 멈추었다
하얀 눈이 꼭 할머니 머리카락처럼 보여
그분의 고운 머릿결처럼 보여
저승의 따뜻한 눈 쓸어안고
이승의 차가운 눈물 흘린다

오늘밤에도 그들이 찾아올까?
아마 먼 훗날의 어느 꿈자리에나 찾아올 것이다
내가 그들을 아주 잊어먹고 살고 있을 그런 시간에
분명 동네 아이들이 우르르 몰려오듯 나의 꿈자리에 놀러 올 것이다
그리고 할머니,
그때 또 내 곁에 앉아 나를 보고 희미하게 웃으실까?
아가, 할미가 재미있는 얘기 해줄까? 하면서

둥근 보름달을 한참 보다 잠이 들면 이상한 꿈을 꾸나보다

화엄사 북소리

산이 울고 있는 것 같아
서둘러 가보니
저녁 화엄사 북소리

그녀가 말한다
산을 들었다 놓은 것 같다고
저 흔들리는 꽃잎을 보라고
나는 말없이
그녀를 쳐다보고 미소지었다

각황전 옆 홍매화

어디 갔었어요?
그 동안
지난 세월 내내
셀 수 없이 많은 날들을 여기에 있었는데
그대는
어디 갔었어요?

이 봄날 용서할 수 없는 것이 둘 있지요
하나는 꽃이 지는 것이고
하나는 꽃이 피는 것입니다

꽃이 지면 기약하게 되고
꽃이 피면 그리워지니
그 인연의 고리를 끊어버리기 위해
나 여기 각황전 옆에서 서성거리다
그대를 보았습니다

매번 다르게 피었는데
같게만 보는 그대여
매번 다른 그리움을 보내었는데

같은 사랑이라고 생각하는 그대여

사랑은 이렇게 잠시 꽃을 피우다 지는 것입니다
봄밤, 잠깐 흐르다 사라져버리는 흰 구름입니다

누군가 잠시 나를 들었다 놓았다

지하 작업실 계단을 밟고 내려와
열쇠를 구멍에 넣고 돌린다
철컥
문이 열린다

조금 전 눈살을 찌푸리게 한 햇살이 아프다
어두운 작업실 불을 켜면
아픈 친구의 심장 소리 같은 두근거림
오늘도 뭔가를 써야 한다는

누군가 잠시 나를 들었다 놓았다

화장실 열쇠를 가지고 계단을 밟고 지상으로 올라가
열쇠를 구멍에 넣고 돌린다
철컥
문이 열린다

조금 전 어둠에 익숙해진 내 동공 속으로
사랑처럼, 그래 꼭 그녀의 눈빛 같은
햇살이 어서 오라고 어서 오라고 한다

환한 기억에 잠시 멈추어 서서
참신 카센타, 이즈 카페, 경성철물, 미용실 줄라이
사방을 둘러싸고 있는 현실의 공간들
빛의 공간들, 그곳에서 부지런히 일하는
사람들의 역동적인 움직임에 잠시 넋 놓고

쓴다는 것이 뭔가?

누군가 나를 잠시 들었다 놓았다

철컥
햇살이 땅의 문을 여는 소리
민들레가 피어 있다

5월의 소쩍새

때늦은 귀가시간
오늘 하루도 전쟁터였다

잠든 아내와 아이가 깰까봐 조심스럽게
들여다보는 작은 침대,
두 사람의 숨소리를 느끼고 싶어
몸 기울인다
문득 아이의 숨결에 실려오는 소쩍새 소리

소쩍 소쩍

부엌에는 깔끔하게 치워진 식기
생의 빛나는 그릇들
거기에 소쩍새 소리 담긴다

소쩍 소쩍

해마다 5월이 오면 동네 뒷산에 소쩍새들이
지는 꽃을 물고 날아온다
꽃이 진 자리에

잎이 핀 자리에

소쩍 소쩍

베란다 창문을 열자
소쩍새 소리와 함께 들려오는 북한의 대남방송 소리
임진강물 한강물이 만나는 그 자리에
소쩍새 소리와 대남방송 소리가 만난다

그래 오늘 하루도 전쟁이었다
잠시 쉬어가라고 소쩍,
세면대 위에 물을 담아놓고,
허연 형광등 불빛에 오늘이 지나면 볼 수 없을
오늘의 내 얼굴이 떠오른다
소쩍, 소쩍

생은 어둡다고 말하기에는 너무 밝고,
밝다고 말하기에는 너무 어둡다

해마다 5월이 되면 소쩍새 울음소리 너무 크게 들린다

혹시 거기 있나 싶어
창문을 열고 내려다보니
언제 다녀갔는지 달빛이 머물다 간 자리에
이슬 한 방울 뚝 떨어진다
떨어진다

소쩍 소쩍

그날 밤도 너무 늦게 잠들었다

사랑의 모습

바람이 오는 길목에 풍경을 달아둔다
다정한 바람의 발소리를 들을 수 있다.
더울 때 부채질을 천천히 한다
선풍기의 바람은 바쁘게 지나가지만,
부채의 바람은 천천히 주위를 맴돌아 가슴을 서늘하게 한다

바다에서 파도를 몰고 오는 바람을 본다
파도가 다가오면 외로운 때였고,
파도가 멀어지면 행복에 겨운 시간이었다
기다려도 오지 않은 사람은
어쩌면 그 파도의 포말처럼
내 주위까지 왔다가 사라진 것인지도 모른다
부끄러워서,

바람은 자신의 소리를 내지 않는다
대신 주위의 모든 것들을 소리나게 한다
그걸 나는 사랑의 모습이라고 쓴다

사랑하는 사람이 잠들었을 때

사랑하는 사람이 잠들었을 때
그의 숨소리를 느끼기 위해
아주 가까이 코를 대고 그의 숨소리를 빨아들인다
오늘 하루, 그가 힘들어했을 모든 일들,
오늘 하루, 그가 괴로워했던 모든 고통을
들이마시고
그가 숨을 들이마실 때
오늘 하루, 내가 그를 생각하면서 느꼈던 모든 것들
나의 모든 것들, 나의 행복, 나의 기쁨을 그곳에 넣어준다

사랑하는 사람이 잠들었을 때
그가 깨어나지 않을 정도의 거리까지만
조용히 다가가
사방을 최대한 어둡게 하고 그가 깊이
잠들 수 있도록 하늘의 별들을 모두 먹어버린다
그래서 그가 혹시 꿈길을 걸어갈 일이 생기면
조용히 그가 눈치채지 못하게 하나씩
그 별들을 내어준다
아주 작은 빛으로도 그가 가고 싶은 곳으로
걸어갈 수 있게

그가 놀라지 않게

사랑하는 사람이 잠들었을 때
그가 내일 아침에 혹은 새벽에 깨어났을 때
아무런 흔적도 느낄 수 없을 만큼만
그의 곁에서 지켜준다

아, 사랑하는 사람이 잠들었다는 것은
얼마나 큰 축복인가
이렇게 평안하게 잠자는 그의 모습을 보면
죽음도 그리 힘든 것은 아닌 것 같아
삶이라는 것은 사랑하는 사람이 잠들었을 때
진정으로 깨어나는 꿈 같은 것이 아닐까?

은행나무였구나!

그 나무가 은행나무였다는 것을
은행잎을 보고서야 알았다
내가 알고 있는 모든 것들은
혹시 그런 것이 아닐까

그의 명함을 보고서 그의 이름을 기억하고
그의 차를 보고서 그를 기억하고
그의 옷을 보고서 기억하고

지난 겨울 내내 나는 그 나무의 이름이 궁금했었다
내 공부방 창 앞에 있는 그 나무,
까치집을 지어주게 한 그 고마운 새들의 나무,
나는 식물도감을 찾아보려고 했었다

그런데 봄이 되자 저절로 알게 되는 진실,
그 나무의 이름

아! 은행나무였는데
오늘 아침 문득 막 돋아나오는
아이 손바닥같이 작은 은행잎들,

은행나무였구나!

그리고 시간이 지나고, 여름이 되자
무성한 잎사귀 때문에 까치집이 많이 가려진다
거의 보이지 않는다
그런 것이다 가려지는 것이 있어야
보여지는 것이 있는 것이다

한꺼번에 다 보여준다는 것은 거짓이다

봄바람

 등을 보이고 잠든 그에게 그녀는 이렇게 반응한다. 그의 등을 타고넘어 품으로 들어간다. 잠결에 그는 그녀가 사랑스러워 살짝 쳐다보고는 미소짓는다. 여인들이여, 그가 등을 보인다고 미워하지 말고 품으로 파고들어가라. 그녀의 사랑은 그의 잠 속까지도 스며든다.

 그녀는 꽃잎, 내 몸을 실어가는 여린 봄바람.

초겨울

초겨울 어쩌다 길 잃은 잠자리가 베란다 창가에 붙어 있다. 한 번 쓰고 버린 스티커 종이처럼 손으로 잡아떼어도 움직이지 않는다. 죽어가는 순간이다. 잠자리를 조심스럽게 실내에 있는 치자나무 잎에 붙여둔다. 절벽 같은 나뭇잎을 붙들고 있는 것을 보니 아직도 살아 있는 잠자리. 마지막 순간까지 절실하다.

며칠이 지나고, 잠자리가 죽어 있다. 툭 떨어져 치자나무 아래 나뭇잎과 함께 죽어 있다. 나뭇잎이 죽어 있다. 잠자리가 죽어 있다. 설악산에 눈이 내린다는 뉴스가 거실에서 들려온다. 뉴스가 들려오는 베란다에 이 세상에서 제일 재수 없는 잠자리가 나에게 죽음의 고독을 도둑맞고 나뭇잎이 되어 있다. 미안하다. 잠자리. 너의 고독이여.

화조도

지나간 세월은 없다
떨어진 꽃잎만이 있을 뿐,

젊은 날은 마법과 같았다
꽃을 그리면 꽃이 피었고,
새를 그리면 새가 날았다
사랑은 항상 그림자처럼 뒤를 따른다

어디에도 머물지 않는 화가의 방은 늘 비어 있었다

그림 속으로 들어가기도 했고
그림이 걸어나오기도 했다
시간은 풍성한 흰 구름이었다
그리움은 하늘이어서 항상 투명했다

아픔은 별이 되어 빛나고
고통은 눈이 되어 내리고
눈물은 흘러내리는 것이 아니라
항상 시원을 찾아 거슬러올라가고 있었다

친구의 주검을 태우고
막연히 남도의 마을을 떠돌다
그와 같이 들렀던 마을 어귀에서 서성거렸다
그와 같이 머물렀던 그 집,
배꽃같이 하얀 할머니가 국수를 삶아주셨던 바로 그 집,

주인은 없고,
한 장의 화조도가 오래된 폐가에 걸려 있었다
그가 그린 것인가 싶어 매만지는데
등뒤에서 꽃잎이 피어오르는 소리가 들린다
온 세상이 온통 한 장의 그림이다

겨울

조용한 곳에서만 들리는 소리가 있다

멀리서 들리는 소리
가까이에서 들리는 소리
이 소리가 어디서 들리는 것인지

까마득하다

소금을 사라고 하는 소리
햇볕을 사라고 하는 소리
마음을 내다 말리라고 마당에 멍석을 깔아놓은 할머니

겨울엔 조용히 들리는 소리가 있다

노을

그녀를 기다린다는 것은
어쩌면
가을을 기다린다는 것이지
낙엽이 쓸려가고
바람이 더 먼 곳에서 불어오는 그런 외로움을

사랑한다는 것이지
그녀를 기다린다는 것은
어쩌면
석양을 기다린다는 것이지
태양을 볼 수 있는 시간을 준 그런 즐거움을

붉은 놀이 먼 그리움이 될 수도 있다는 것을
타오르는 아름다움을 사랑하고야 말게 되는 거지

그녀를 기다리는 것은
그녀가 떠난 후
외로움을 견디겠다는 맹세를 지키는 거야
비로소 사랑을 한다는 거지

11월 21일의 장미

눈이 내린다고
눈이 내린다고 하는데

감옥보다 더 좁은 땅에 뿌리를 내리고
장미가 피어 있다
아니 핀 것을 견디고 있다
죽은 붉은색의 말라비틀어진 꽃잎이여
넌 더이상 울지도 못하겠구나

그러나 저것이 장미가 아니라고 말할 수 없다
뿌리여, 장미여
생은 왜 이렇게 질기고 질긴 것이냐

단체사진

사진 속에서 웃고 있는 얼굴
사진 속에서 폼 잡고 있는 모습

검정 교복에 까까머리
장발에 바바리코트
단정한 턱시도에 하얀 드레스
검정 양복에 검은 넥타이

사진에 담겨 있는 것은 기억이 아니라
시간이 아니라
고독이다
사진 속에서는 언제나 혼자다
아무리 많은 사람과 어울려 있어도
언제나 사진 속의 사람들은 자기 자신만을 본다

청자

마른 장작으로 변하기 전
나무라는 이름으로 살아온 시절을
이제는 태워버립니다

태워야만 하지요
남아 있어서는 안 되지요
내 그리움마저 다 태워버릴 때, 당신은 빛납니다
뜨거우면 뜨거울수록 당신은 완성됩니다

그러나 알고 있나요
당신의 몸에서 흐르고 있는 생명의 푸른 정맥,
그것이 바로 제 몸의 색깔이었다는 것을
천년의 뿌리를 버리고
당신을 향해 타오를 때,
그것은 다시는 당신을 만날 수 없다는
슬픔이었다는 것을,

슬픔의 빛깔은 결코 사라지지 않는다는 것을,
저의 슬픔이 당신의 빛이 될 때
그것이 사랑이라는 것을

이제는 당신을 만지고 싶어요

새벽과 아침 사이

새벽빛에서는 비릿한 젖내가 난다
이런 걱정, 저런 걱정
오늘도 하루가 시작되는구나
아직 잠이 덜 깨었다
고개를 돌리면 아이가 입을 조금 벌리고 잠들어 있다
귀여워라, 새벽빛이 아이의 입 속으로 걸어들어간다
아이가 일어나 크게 기지개를 켜면
세상은 다시 시작이다

부엌에서
소리가 들려온다, 쏴아
개수대의 물이 쏟아지는 소리다
정신이 번쩍 든다
이런 걱정 저런 걱정의 오물을 씻어내는 소리
아내가 쌀을 씻는 소리
거룩한 생명의 시작이다
또각또각 도마질하는 소리
이런 걱정 저런 걱정의 목을 쳐내는 저 상쾌한 소리
아침상을 차리는 부엌의 소리는
내 생명의 박동 소리와 닮아 있다

세수하고,
밥 먹고
나는 오늘도 대문을 열고 나간다
아직 어둡지만 나는 안다
해가 떠오르는 그 단순한 시간을

지하철을 기다리는 인형과 로봇

인형이 진화하면 로봇이 된다
신이 진화하면 인간이 된다
인간이 진화하면 죽음이 된다
최초의 생명체가 발견된 지구 35억 년 생명의 역사에서 가장 짧은 시간을 살다 갈 인간들, 그래서 저리 서두르는구나, 시간이 없는 자신의 운명을 안다는 것이 저리 바쁘게 무엇인가를 만들어 내는구나

붓다인형을 만들고
예수인형을 만들고
참배하고 반성하고,
구원해달라고 아우성이다

지하철을 기다리다 잠시 내가 인형이 된다
지하철을 기다리는 인형
건전지가 떨어지면 꼼짝도 할 수 없는 인형
옷을 입지 않으면 추레한 인형
낡고 헐면 버려지는 인형
사랑해요, 사랑해요 녹음해놓은 말을 반복하는 인형
그 인형들이 이제 진화해서 로봇이 되었다고 좋아한다

물과 공기 대신에 전기와 전파를 먹고 사는 아주 특이한 우주의 존재들.

아, 왜 이리 지하철이 늦게 오는 것인가
나만 기다리는 것이 아니다
내 주위에 나와 똑같은 모양을 한 인형과 로봇 들이 서성거린다

사랑한다고 말하지 마라

말하지 마라
그 순간 모든 것이 사라진다
눈물이 흐르는 순간 이미 땅으로 떨어지듯이
사랑한다고 말하는 순간 사랑은 끝이 난다
놀라지 마라
이미 당신은 죽어 있다
매일매일 당신이 한 말이 당신의 무덤이었다
한밤의 침묵이 없었다면 당신은 영원히 일어나지 못할 것이다.

모든 것은 침묵 속에서 이루어진다
글을 쓰는 것도
생각을 하는 것도
느끼는 것도
읽는 것도,
침묵 속에서만 이루어지는 것이다

침묵의 끝에는 꽃이 핀다
긴 겨울 참고 참았던 나무가 보여주는 것은
꽃이다. 침묵의 모습이다
향기는 기어이 새어나오는 사랑한다는 말이다

그래서 꽃이 지는 것이다
향기가 진할수록 슬픔이 깊다

사랑한다고 말하지 마라
그 사람과 헤어지고 싶을 때 말하라
사랑한다고, 죽도록 사랑한다고

3부

침묵의 손

침묵을 만지고 싶으면 물 속에 손을 넣어라
침묵이 흘린 땀냄새를 맡으며
너의 손이 눈물을 흘리는 것을 보아라

슬픔이 없으면 연꽃이 피지 않는다

침묵을 정말 만지고 싶으면
물 속의 하늘을 만져보아라
하늘이 얼마나 부드럽게 너의 손을 잡고 있는가
물과 함께 얼마나 깨끗하게 너의 손을 씻어주고 있는가

침묵을 만지고 싶으면
작은 연못에 어떻게 너의 마음이 머무는 것인지
어디서부터 흘러와 천천히 고이는지
저기 저 먼 하늘을 올려다보아라

눈물

눈물은 흘러내리는 것이 아니라,
치솟아오르는 것이다
더이상 오를 곳이 없는 곳까지, 기어이 올라가
뻘뻘 땀을 흘리면서 올라가
눈동자라는 우주의 문을 여는 것이다

눈물이 흘러내리는 것처럼 보이는 것은,
더이상 올라갈 곳이 없다는
그대의 마음일 뿐이다

거슬러올라가는 은어떼들을 보라,
하늘로 올라가는 눈물의 찬란한 비상을 보라

아니요,
눈물은 흘러내리는 것입니다
  마음의 가장 얕은 곳에서부터 천천히 고여 그분의 손이 조용히 퍼내시는 것입니다 그분의 손에서 떨어진 물방울이지요 고여 있지 않은 사람은 평생 그분의 손을 보지 못하지요 퍼낼 것이 없는 사람은 쓸쓸합니다 눈물은 조용히 그분의 손을 씻어드리는 사람의 가장 순결한 영혼입니다

거울 속에서
왼쪽 눈에서 흐른 눈물을
오른쪽 눈으로 본 어느 날,
서로 다른 존재가 잠시 나의 가슴을 다녀간다

나뭇잎, 눈물

그가 죽어간다
참 모질게도 살았는데
화려한 저택의 넓은 거실을 지나
겨우겨우 찾아간 죽음의 침실,
그곳엔 아무도 없다

그는 무심했다
곁에서 울고 있는 사람들을 많이도 지나쳤다
눈이 있으면서 보지 않으려 했던 세월
그것이 시력을 자꾸 떨어지게 한다
안경을 통해서 바라볼 수 있을 것이라고
수없이 많은 책을 읽으면 볼 수 있을 것이라고
돈이 있으면 아무 걱정 없을 것이라고
하루 이틀 사흘, 그리고 일 년 이 년 삼 년,

문득,
자기 앞에서 울면서 무슨 말인가를 하던
사람들이 떠오른다
기억이 나질 않는다, 듣지 않으려 했으니……
그들이 울면서 그에게 하고 싶었던 이야기는 무엇이었을까

돈을 빌려달라고 했던가
사랑을 달라고 했던가
행복을 찾으라고 했던가
아득하다

그가 죽어간다
그의 곁에 있는 것은 그의 차가운 눈물 몇 방울뿐
건조한 입술을 타고 흘러내리는
한 번도 느낀 적 없었던 따뜻한 생명감

그가 운다
초라한 침상 너머에서 그가 어른이 되고 나서 처음으로 본
은행나무의 노란 나뭇잎들이 바람에 떨어진다

창문을 열어다오
창문을 열어다오

그가 흐느낀다
화려한 대저택의 정원을 지나
수없이 많은 명사가 다녀간 넓은 거실을 지나

쾌락으로 외로움을 용케도 이겨내던 침실을 지나
아무도 없는 죽음의 침상에서
그가 죽어간다

그래도 떨어지는 노란 나뭇잎들이
굳게 닫힌 그의 창문을 노크한다
잘 가라고
너무 외로워하지 말라고……

생명, 눈물

눈물은 발바닥에서부터
치고 올라오는 작은 물고기떼이다
보라 저 장엄한 노을 속에 헤엄치는 눈물떼들을
강을 만들어 흘려보내는 생명의 박동 소리를

눈물은 태어나는 것이다
눈물은 물고기의 알처럼 생명을 품고 있다
눈물이 떨어진 자리를 보라
나무가 뿌리를 내릴 것이다
꽃이 피어날 것이다
산이 솟아오르고
바다가 파도를 밀고 올 것이다

땀방울이 떨어진 자리에 문명의 건축물들이 세워지듯이

그림자, 눈물

울고 있는 나에게
항상 다가오는 그림자 같은 사람이 있었다
그가 내민 하얀 손수건은
토막나지 않은 시간들, 기억들,
내가 나를 미워하는 것이 너무나 어려웠다
남을 미워하듯이 나를 미워했더라면
이렇게 눈물이 나지 않았을 텐데
눈물이 보여주는 것은 내가 보지 못했던
내가 사랑하지 못했던
차마, 어려워 말을 걸지 못했던 바로 그대의 사랑이었다

혼자서 조용히 운다
멀리 떨어져 조용히 조각난 시간의 밀가루를 눈물로 반죽한다
맛있는 칼국수를 만들어
나를 기다리고 있는 배고픈 그대에게 바친다
천천히 드세요

달빛 아래 하얀 그림자가 사람이 되어 서서히 사라진다

엽서, 눈물

 이 그림의 푸른 빛깔이 어떻게 나온 것이냐고 그대는 물었습니다. 이것은 저의 눈물로 물감을 반죽한 것입니다. 어쩌다 뚝 물감에 떨어진 눈물이었습니다. 결코 의도한 것이 아니었지요. 그러나 저는 이것이 우연이라고 말씀드리지 않겠습니다. 수많은 밤을 지새워도 결코 나오지 않았던 이 빛깔이 나온 것은 우연이 아닙니다. 그 순간, 제가 죽으려고 했던 그 순간 떨어진 한 방울의 눈물이 우연입니까? 지상에서 가장 아름답다는 게 뭘까요? 저는 이런 말씀을 드리겠습니다. 그것은 바로 눈물이라고 말입니다. 저를 사랑하신다고 하신 적이 있지요. 그때 당신은 매몰찬 나를 원망하면서 우신 적이 있습니다. 지금 돌이켜 생각하니 제 인생에서 가장 아름다운 순간이 그때였던 것 같습니다. 그후로 아무도 나를 위해 운 사람이 없었습니다.
 여기 푸른색만으로 그린 당신의 초상화를 보냅니다.

거울, 눈물

눈물은 거울이다
그녀의 눈물에 보이는 내 모습은
내가 한 번도 보지 못한 나였다
그녀가 사랑한 것은 내가 아니었다
나라고 그녀가 믿었던 어떤 존재
내 안에 그가 있었다니
눈물의 거울을 통해서 나는 그를 보았다
그는 잔뜩 화가 나 있었다
내 안에 들어와 나를 만들려다 실패한 그는
이제 그녀의 눈물을 타고 땅으로 떨어졌다
사라진다
내가, 그가 되고 싶었던 내가 추락하고 있다

진실, 눈물

눈동자는 나뭇잎
눈물은 생명의 투명한 피
눈물 없는 눈동자는 진실을 보지 못한다
단지, 건조한 사실들만을 볼 뿐

누가 내 마음에 달빛을 담아놓았나?

창 밖은 춥다
동네 사람들이 가로등 아래를 지나간다
조심스럽게 얼어붙은 눈길을 밟고 있다
넘어지지 않기를…… 바란다
이런, 마음이 살얼음처럼 깨어질 듯이 아프다
누군가가 툭 건드리면 무너질 듯이 위험하다
누가 내 마음에 달빛을 담아놓았나

밤새 퍼내어도 어둠은 항상 거기에 그대로 있다
사랑하는 사람이 떠난 것도 아닌데,
갈 길이 왜 이렇게 멀어 보이는 것일까
하루 내내 달빛을 담은 마음은 찬 겨울밤이다
누구냐? 꽃 피고 새 울던 내 마음에
이렇게 차가운 한겨울 밤에 달빛을 담아놓고 간 너는?

베란다에 앉아
딸아이와 어미가 호떡을 먹고 있는 모습을 본다
한 집 안에도 베란다와 거실의 창을 경계로 춥고 따뜻하다
담배 한 개비를 피우는 동안
베란다 창문에 한기처럼 스며드는 달빛,

춥고 배고픈 저 밖의 가여운 사랑이 울고 있다

먼 길

은행나무 잎,
떨어진 나뭇잎,
한 장 주워들고,
누군가 나의 손을 잡고 있는 것 같아
찔끔,

이제 얼마나 먼 길을 가야 하는 것인지

공원에 나와 두런두런 이야기를 나누는 저 가족들
저들이 일어나 걸어가는 뒷모습을 바라보다
은행나무 잎,
떨어지는 모습을 본다
한 장의 나뭇잎에 한 가족이 담긴다

얼마나 먼 길을 가야 하는 것인지
나는 공원의 벤치에 앉아 갈 길을 본다
금방 걸어갈 수 있는 곳이 세상에 있을까?
아무리 가깝다고 생각한 곳도 걸어가다보면
왜 이리 멀리 있는 것일까?

아이가 엄마에게 달려가는 거리
연인이 연인을 그리워하는 거리
노인이 자식에게 다가가는 거리
아주 가깝다고 생각했던 그 길이 왜 이리 멀어 보이는 것인가?

은행나무 잎 뚝뚝 떨어지는 거리
땅에 닿아 멀리 하늘을 올려다보는 저 나뭇잎
얼마나 멀리 있는 것이냐
네가 지금 보고 있는 저 생명의 중심은
어디에 뿌리를 내리고 있는 것이냐

차 지나가는 소리

겨울 밤바다
파도 소리가 너무 추워,
서둘러 길가로 나오는데
휙—
차 지나가는 소리

물끄러미 바라보다
그래 그런 거야 하는 생각
휙—
지나가는 거야

겨울 밤바다
파도 소리는
소금에 절어 있고
휙—
지나가는 사랑
지나가는 바퀴

옷깃을 단단히 여미고 걸어간다
버스 정류장까지

저기 마지막 버스가 힘겹게 다가온다
어서 가야지
휙—
지나가기 전에

아침 햇살 속에

간밤 내린 서리 밟고 온 길,
현관문 열고 들어서자
어느새 잠에서 깨어난 아이 나를 쳐다보고 있다
방긋 웃으면서,

아빠, 아빠

가까이 다가가 쳐다보니, 아 그래 그랬었구나
밤새 그리워했던 아침 햇살이 사람으로 변해 있었다
얼굴에 온통 쏟아지는 아침 햇살,
그것은 바로 아빠, 아빠 하는 아이였다.
햇빛이 사람이 된다면 그건 아이의 얼굴이다

현관문에 벗어놓은 나의 새벽길을 밟고 온 자국,
아이의 웃음소리
나의 웃음소리에 녹아 흐른다
꼭 너무 기뻐 웃고 웃다가 조금 흘린 눈물 자국 같다
그래 서리야 너도 웃어라
간밤 얼어붙었던 너의 모든 마음을 녹여버려라
한겨울의 아침 햇살에 모든 것을 용서하거라

눈물로 흘러가거라
멀리멀리 가서
예쁜 꽃으로 피어라

바다 선녀

더 깊은 곳까지 가지 않는다면
사랑이 아니지요
가까이 가기보다
조금 멀어지면 잘 보이는 것이 그대입니다
그래요,
더 외로워지지 않는다면
그리움이 아닙니다

물거품보다 더 가벼운 바다 선녀여
그대 그리워 바닷가에 섰다가
나 저녁놀이 되었습니다
온 바다를 태워도 다가오지 않는 사랑이여
나의 바다 선녀여,
얼마나 깊은 곳으로 내려가야 그대를 만날 수 있나요
심연 속에서 들려오는 밤의 음악이여
날개를 달고 날아오는 하현달 속의 환상이여

바다를 너무 깊이 바라본 죄로
그대를 본 죄로
더 외로울 수 없는 사람 하나가

막 바다에서 태어납니다

달빛 조각배 타고 지금 그대에게 갑니다

거북, 땅 위의 사랑

천천히 걸어 천년을 걸어간다
새처럼 날아간 사랑
바람처럼 내 곁을 스쳐간 사랑
모두 사라져도
내 등껍질에 새겨져 있는 약속의 한 말씀 믿으며
나 천천히 걸어간다

그것은 침묵, 아무리 오랜 세월이 흘러도 변하지 않는 거북의 사랑

딸아이의 詩

막 잠이 들려는 그녀의 볼에
살짝
입술을 댄다

"아빠, 잠자리가 앉았다 날아간 것 같아"

그녀가 잠이 든다
아이 별이 밝고, 아빠 달이 어둡다
그녀의 속눈썹 안으로
마음보다 더 깊은 그곳에는
세상의 모든 문이 열린다
나무가, 구름이, 사람이, 먼 길이 보인다

해설

삶, 그리움과 연민
― 원재훈의 시세계

박철화(문학평론가)

상상력과 현실

 시적 창조라는 말은 역사가 그리 오래지 않다. 엄밀하게 말하자면, 창조란 낭만주의자들의 창작물이다. 프랑스 대혁명 이후 새롭게 사회의 권력자가 된 부르주아들의 속물적(俗物的) 근성에 대한 반항의 일환으로, 무너진 종교의 권좌에 신 대신 문학을 올려놓은 일이다. 따라서 이때부터 체험에 대한 상상력의 우위가 가능해진다. 무(無)에서 존재를 만들어내는 능력을 가진 유일한 장르로서의 문학예술이어야만 하기 때문이다. 상상력이 없다면 창조는 불가능하다.
 그런데 곰곰이 생각해보면, 상상력이 체험과 무관한 것일 수 없다. 실제적인 체험이건, 간접적인 체험이건, 경험의 축적 속에서 그것을 디디며 상상력은 솟아오르기 때문이다. 그래서 상상력은 현실과 무관한 것도, 그렇다고 현실에 파묻히는 것도 아닌, 현실과 미래의 무한한 가능성 사이를 오가는 움직임이 된다. 현실이 부재하다면 상상력은 공허해질 것이고, 상상력이 보잘것없으면 현실은 절대적인 것이 되어 인간을 짓누른다. 중요한 것은 결국 현실과 상상력 사이의 거리다. 이 진폭이 클수록 미적 충격은 강도를 더할 것이다.

하지만 그 충격이 반드시 옳은 것만은 아니다. 자칫하면 보편적인 체험으로부터 멀어져 소통의 가능성을 잃은 독백이 될 수도 있기 때문이다. 물론 그 독백이 의미가 있다면 그것은 반드시 해독의 근거를 남겨둔다. 상상력은 연속이며 통일이기 때문이다. 그것의 증거가 이미지다. 이미지는 현실과 상상력 사이를 이어주는 다리다. 그래서 이미지 분석을 견디어내는 견고한 시와 그렇지 못한 허술한 시가 나뉘게 된다. 그런데 역설이 되겠지만, 견고하며 풍요로운 이미지를 가진 시일수록 통념과는 달리 현실에 더 깊이 뿌리를 내리고 있다. 그렇지 못하다면 상상력의 교량은 애초부터 불가능할 것이다. 마치 신기루처럼 자그마한 자극에도 무너져내릴 것이기 때문이다.

그래서 시작(詩作)의 시작(始作)은 언제나 우리의 현실, 삶, 일상의 세계에서부터이다. 현실에 굳건히 발을 디딜수록 상상력은 멀리 뻗어나가며, 또한 뛰어난 상상력은 결국 현실을 지시하게 된다. 더 깊고, 더 새로워진 진실 말이다. 이렇듯 현실과 상상력은 서로가 서로를 필요로 한다. 이 순환 속에서 시가 탄생하는 것이다.

일상의 이야기

원재훈의 시는 일상에 아주 가까이 닿아 있다. 때로 그의 시는 상상력을 언급하기가 난처할 정도로 현실과 가까워 보이기도 한다. 이미지보다는 진술이 앞서며, 게다가 아주 쉬운 일상의 언어로 이루어져 있어 시라기보다는 한 편의 이야기를 듣는 것 같다. 마치 시는 '꿈속'에 있고, 시인 자신은 현실 속에서 깨어나듯이.

    둥근 보름달을 한참 보다 그냥 잠이 들었다
    아이처럼,

    그날 밤 꿈속에서
    나는 아주 이상한 숲속 길을 걸어갔다
    낙엽이 떨어지면서 바로 꽃으로 피고
    꽃은 투명한 나비로 다시 날아오르는
    그런 길을 얼마나 걸어갔을까
    숲은 길이 되고,
    길이 다시 숲이 되는 그런 길을 얼마나 걸어갔을까
    넓은 동산이 나오고 거기에 앉아 있는 반가운 사람들

    거기에 있으니,
    아주 잊었다고 생각한 사람들이 찾아와

내 손을 잡는다
그리워만 하다 죽은 젊은 날의 연인들이
알몸으로 두런두런 이야기를 나눈다
그들 사이, 무덤처럼 둥근 달덩어리 아래로
배고픈 아이 어미 젖 찾듯 걸어가니
어릴 적 항상 나에게 선비가 되어라 하시던
할머니가 희미하게 앉아 계신다

할머니 말씀하신다
아가, 뭘 쓰니?
할미가 재미있는 이야기 해줄까?
서둘러 펜과 종이를 찾는 나에게
무언가 좋은 말을 해준 것 같은데
허둥대다 다 잊어버렸다
할머니 체취와 느낌은 여전한데
이것이 무엇일까?

그날 아침,
하얗게 내린 눈을 밟으면서
문득 깨달음처럼 다가오는 것,
그래 간밤의 꿈이 이렇게 하얗게 내렸구나
그들이 들려준 이야기는
이렇게 눈에 찍힌 발자국처럼 내 가슴에 남아 있으면 되는 거지 왜 그것을 쓰려고만 했을까?
펜과 종이를 버리고 그들의 이야기를 더 들어야 했는데
나는 왜 이야기를 다 듣기도 전에 욕심을 부렸을까?
나는 걸음을 멈추었다.
하얀 눈이 꼭 할머니 머리카락처럼 보여
그분의 고운 머릿결처럼 보여
저승의 따듯한 눈 쓸어안고
이승의 차가운 눈물 흘린다

오늘밤에도 그들이 찾아올까?
아마 먼 훗날의 어느 꿈자리에나 찾아올 것이다
내가 그들을 아주 잊어먹고 살고 있을 그런 시간에
분명 동네 아이들이 우르르 몰려오듯 나의 꿈자리에 놀러 올 것이다
그리고 할머니,
그때 또 내 곁에 앉아 나를 보고 희미하게 웃으실까?
아가, 할미가 재미있는 얘기 하나 해줄까? 하면서

둥근 보름달을 한참 보다 잠이 들면 이상한 꿈을 꾸나보다
　　　　　　　　　　　　　―「꿈속의 시」 전문

이 긴 시는 어떤 점에서 보면 시인 자신의 시론(詩論)에 해당된다. '재미있는 이야기'이면서도 사실은 그다지 내용은 없는, 오히려 어떤 대상에 대한 그리움과 연민으로서의 '눈물'이 더 부

각되는, 그리하여 꿈의 실제적 내용보다는 그 꿈을 꾼 시인 자신에 관한 시 말이다. 보는 사람에 따라서는 사소하다고 생각할 수 있지만, 그래도 그것이 시인의 행복을 이룬다. 그에게 자신의 삶에 대해서 쓰는 것은 운명이다.

> 벌이 침을 쏘듯이
> 자신의 내장을 찢어내면서까지
> 기어이 죽어버리면서까지
> 반드시 쏘아야 할 무엇이 인생에 있다는 것은
> 그것이 무엇이든 간에
>
> 행복이다
>
> ―「벌」전문

사실 보통의 가치기준으로는 시인의 삶이 그다지 행복해 보이지 않는다. 현실적으로는 가난하고, 내면적으로는 너무 섬세하다. 가난은 그에게 고단한 일상과 함께 삶에 대한 연민을 안기고, 섬세함은 그 일상 속에서 자연과 생명에 감탄하게 하면서도 결국은 채워지지 않는 그리움을 남긴다. 그 일상에 대한 연민과 동시에 일상 속에서 채워지지 않는 그리움이 결합된 것이 '눈물'이라 할 수 있다. 그가 남성 시인으로서는 이례적으로 '눈물 시편' 연작을 남기고 있는 것은 그 때문이다. 구체적으로 '눈물'이라는 이름을 달고 있는 작품들 말고도, 그의 시는 곳곳에 슬픔과 눈물이 맺혀 있다.

이 세상에서 제일 먼 길은
앞이 안 보이는 길이다
보이지 않을 것 같은 예감의 길,
그러나 거기에 분명히 있을 것 같은 일상의 길
안개 속에서 서서 길을 보면
이 세상에서 제일 먼 곳이 보인다

(……)

안개는 가장 적당하게 모든 것을 가려준다
그것은 예감,
그것은 미소,
그래서 안개는 나의 내면에서 흐르는 눈물방울이다
너무나 작아서, 저렇게 커져버린 온 세상을 덮고 있는
그대들의 슬픔이다

—「안개」 중에서

  눈물이 흐르는 구체적 원인은 역시 잘 드러나지 않으나, 눈물은 시인에게 있어 존재증명이나 마찬가지다. 시인과 무관한 대상으로서의 세계를 시인의 자아 속으로 끌어들여 동화(同化)될 수 있도록 해주기 때문이다. 그리하여 눈물이라는 렌즈를 통해 들어온 일상의 풍경이 곳곳에 잡힌다. 거기에는 우선 가족이 있고, 주변 사람들이 있으며, 또 자연이 있다. 그것들이 담겨 있는 풍경은

수채(水彩)로 그려진 그림엽서처럼 투명하고 맑다.

사랑의 언어

가족은 시인에게 일상의 시작이자 끝이다. 가난하지만 작은 것에서 서로 기쁨을 나누는 아내와 딸과 시인. 이 일상은 그의 존재의 기반이다. 그런데 시인의 가족에는 우리 문학에서 흔히 보이는 비극이 없다. 그 부재가 시를 밋밋하게 보이게도 하지만, 동시에 자의식의 과잉이 없는 이 가족의 언어는 새벽의 그것처럼 신선하다. '비극 없는 일상성'이라고 부를 수 있을 한 세계가 담겨 있는 것이다.

> 새벽빛에서는 비릿한 젖내가 난다
> 이런 걱정, 저런 걱정
> 오늘도 하루가 시작되는구나
> 아직 잠이 덜 깨었다
> 고개를 돌리면 아이가 입을 조금 벌리고 잠들어 있다
> 귀여워라, 새벽빛이 아이의 입 속으로 걸어들어간다
> 아이가 일어나 크게 기지개를 켜면
> 세상은 다시 시작이다
>
> 부엌에서
> 소리가 들려온다, 쏴아

개수대의 물이 쏟아지는 소리다
정신이 번쩍 든다
이런 걱정 저런 걱정의 오물을 씻어내는 소리
아내가 쌀을 씻는 소리
거룩한 생명의 시작이다
또각또각 도마질하는 소리
이런 걱정 저런 걱정의 목을 쳐내는 저 상쾌한 소리
아침상을 차리는 부엌의 소리는
내 생명의 박동 소리와 닮아 있다

세수하고,
밥 먹고
나는 오늘도 대문을 열고 나간다
아직 어둡지만 나는 안다
해가 떠오르는 그 단순한 시간을

―「새벽과 아침 사이」 전문

  그가 자연과 교감하며 생의 에너지를 얻는 것도 어쩌면 그 가족 덕분일 것이다. 가족의 일상이 "생명의 박동 소리와 닮아" 있기 때문이다. 한 그루의 은행나무, 사과와 같은 과일 한 개, 화초 호박과 같은 풀이나 야채에서 시인이 깨닫는 것도 가족과 멀지 않다. 그것은 삶의 순리에 가까우며, 따라서 눈물이 날 정도로 소중한 존재들이다. 가족과 마찬가지로 이 자연과 함께 그의 밋밋한 일상은 순간순간 의미의 세계로 점화된다.

단단한 사과가 품고 있는 것은 씨앗이다

나보다 더 큰 나무가 되라고
열매가 된 것이 사과이다
제 몸을 사람들에게 다 내주어도,
씨앗만은 먹지 못하게 하는 것이
사과라는 어미의 마음이다

붉은 마음의 껍질을 벗겨도 벗겨도
어느 땅에 떨어져내릴 씨앗을 위해
더 큰 사과나무를 위해
오늘도 사과는 눈물보다 더 진한 과즙을 품고 있다

사과여, 붉고 붉은 모성이여
당신은 거대한 사과나무보다 거룩한 생명입니다

―「사과」 전문

 존재의 합일을 꿈꾸는 연시(戀詩)도 그런 생명에 대한 예찬이다. 그의 연시는 회고적이지도, 지나친 낭만적 열정으로 채워져 있지도 않다. "이불을 덮고, 과일을 먹고, 연인을 기다리고, / 서로를 사랑한다는 눈빛을 보내는 사람들의 모습"처럼 일상과 닮아 있다. 가족이나 자연에서 느끼는 것과 마찬가지로 극적 과장이 없다. 그리 높지 않은 목청의 희망가 같은 것 말이다.

그대의 손을 잡으면
우리의 몸은 길이 된다
그 길은
너무 멀어서 갈 수 없을 것 같았던
나와 너의 마음속으로 이어져 있다
그대의 손을 잡으니
그리 멀어 보이지 않는다

그대와 눈동자를 마주하면
우리는 큰 창문 앞에 선다
건너편 신성한 숲이 보이고
여태 보지 못했던 단 하나의 별만이 빛난다
상처인 줄 알았던
별의 슬픔이 환한 빛이 되어 내려온다
그것 역시 길이다

그대의 몸과 나의 몸이 겹치면
우리는 우주가 된다
신비한 생명의 울음소리 들려오고
내 속에서 잠들었던 영혼이 꼬리를 달고
그대에게 달려간다
그 은밀하고 좁은 길 안에서 우리가 손을 잡는다

그대의 손을 잡으면
우리의 몸은 긴 뱀처럼 늘어지고 늘어져
아프지만, 치욕스럽지만,
누군가가 밟고 갈 길이 된다

—「연인」 전문

그리하여 가족과 함께, 자연과 교감하고 경탄하며 깨달으면서, 생명의 신비가 숨쉬고 있는 "먼" 곳을 찾아나서는 것, 그것이 시인이 그리는 사랑의 세계다. 이 사랑은 그래서 스스로를 드러내지 않는다. 마치 싹을 틔우는 씨앗처럼 자신은 사라지면서 자기와 '관계'를 맺고 있는 타자(他者)들을 부각시킨다.

바람은 자신의 소리를 내지 않는다
대신 주위의 모든 것들을 소리나게 한다
그걸 나는 사랑의 모습이라고 쓴다

—「사랑의 모습」 중에서

되풀이하는 말이 되겠지만, 그의 시적 자아는 이런 점에서 낭만주의의 절대적 자아와는 거리가 멀다. 오히려 지극히 겸손한 자아다. 하긴 그 겸손함이 없다면 가족이, 자연이 어떻게 사랑의 옷을 입겠는가. 그 겸손함에 비친 세계이기에 일상 또한 비극의 원천도, 그렇다고 희망의 싸움터도 아닌, 말 그대로 삶의 온상이 된다. 그 온상에 이따금 불면(不眠)의 밤이 찾아든다. 하지만 어쩔 수 없다. 그게 '이슬' 같은 눈물을 거둘 수 없는 불완전한 인간의 몫이기 때문이다.

>   생은 어둡다고 말하기에는 너무 밝고,
>   밝다고 말하기에는 너무 어둡다
>
>   해마다 5월이 되면 소쩍새 울음소리 너무 크게 들린다
>   혹시 거기 있나 싶어
>   창문을 열고 내려다보니
>   언제 다녀갔는지 달빛이 머물다 간 자리에
>   이슬 한 방울 뚝 떨어진다
>   떨어진다
>
>   소쩍 소쩍
>
>   그날 밤도 너무 늦게 잠들었다
>   ―「5월의 소쩍새」 중에서

그래도 꿈을

  시인으로, 소설가로, 에세이스트로 또 방송인으로 전방위적 활동을 보여주고 있는 원재훈의 시세계는 그의 경력만큼이나 단속(斷續)적이고 현실적이다. 그래서 전체가 일관된 시적 탐구를 보여주지는 않는다. 때로 현실에 지나치게 묻혀 있어 시적 비상의

길이 잘 보이지 않는다는 인식을 주기도 한다. 하지만 안개 속에 길이 있듯이, 폭설 속에서도 "보이지 않던 그 모든 것들이 / 분명히 거기 있을 것이라고 속으로 다짐하"듯이 그는 조용히 자신의 길을 그려가고 있다.

그리하여 조만간 그의 존재와 세계를 들었다 놓는 상상력의 꿈을 보여주기를 나는 바란다. 아무리 일상이 소중하다 하여도 또 다른 세계에 대한 꿈꾸기를 포기할 수 없기 때문이다. 그의 불면 끝의 잠이 이런 꿈으로 이어지기를. 새로운 세계가 햇살처럼 퍼지는 꿈 말이다.

쓴다는 것이 뭔가?

누군가 나를 잠시 들었다 놓았다

철컥
햇살이 땅의 문을 여는 소리
민들레가 피어 있다
　　　　　―「누군가 잠시 나를 들었다 놓았다」 중에서

문학동네 시집 75
딸기
ⓒ 원재훈 2003

초판인쇄 | 2003년 11월 14일
초판발행 | 2003년 11월 20일

지 은 이 | 원재훈
책임편집 | 차창룡 조연주 이상술
펴 낸 이 | 강병선
펴 낸 곳 | (주)문학동네
출판등록 | 1993년 10월 22일 제22-188호

주 소 | 136-034 서울시 성북구 동소문동4가 260번지 동소문빌딩 6층
전자우편 | editor@munhak.com
전화번호 | 927-6790~5, 927-6751~2
팩 스 | 927-6753

ISBN 89-8281-766-2 02810
* 이 책의 판권은 지은이와 문학동네에 있습니다. 이 책 내용의 전부 또는 일부를 재사용하려면 반드시 양측의 서면 동의를 받아야 합니다.
* 잘못된 책은 바꿔드립니다.

www.munhak.com